Kinderleicht BACKEN

NACH BILDERN

Kinderleicht BACKEN

NACH BILDERN

Liebe Kinder,

quirlen, umrühren, kneten, belegen, verzieren – und vor allen Dingen immer mal ein bisschen probieren und naschen: Backen macht riesigen Spaß!

Während ihr sonst wahrscheinlich meist nur bei einzelnen Arbeitsschritten helfen konntet – zum Beispiel beim Umrühren, Belegen oder Verzieren –, könnt ihr mit diesem Buch eure ersten eigenen Kuchen und Törtchen vom Anfang bis zum Ende zubereiten. Wir haben dafür für euch 12 tolle Rezepte entwickelt, die ihr mit ein wenig Unterstützung eines Erwachsenen alleine backen könnt. Und mit den fünf praktischen bunten Messbechern, die euch das Wiegen ersparen, macht das gleich doppelt Spaß! Schritt für Schritt erklären wir euch mit vielen Fotos jeden einzelnen Arbeitsschritt. Beim Lesen und bei allen kniffligen Arbeitsschritten lasst ihr euch je nach Alter und Backerfahrung von einem Erwachsenen helfen. Wenn dann am Ende ein superleckerer Kuchen oder süße Törtchen auf dem Tisch stehen, könnt ihr mächtig stolz darauf sein!

Also: Sucht euch euer Lieblingsrezept aus, lest mit einem Erwachsenen die folgende Einleitung durch und schnappt euch die bunten Becher. Schon kann es losgehen!

WIR WÜNSCHEN EUCH VIEL SPASS BEIM BACKEN UND NASCHEN!

Liebe Erwachsene,

gemeinsam mit Kindern zu backen, ist immer lustig und schafft gemeinsame Erlebnisse, die für immer in süßer Erinnerung bleiben. Mit diesem Buch macht das gemeinsame Backen noch mehr Spaß – werden doch dieses Mal die Rollen vertauscht. Während Kinder beim Backen sonst eher kleine Aufgaben übertragen bekommen und ab und an helfen können, sind es dieses Mal die Erwachsenen, die nur in Teilbereichen tätig werden. Die Hauptzubereitung wird von den Kindern geleistet. Das Erfolgserlebnis für die Kleinen ist dabei riesig, ihr Selbstbewusstsein und ihre Selbstständigkeit werden gestärkt. Voller Stolz kann dann am Ende der Kuchen mit der Familie vernascht werden. Ganz nebenbei lernen Ihre Kinder dabei auch einen verantwortungsvollen Umgang mit Lebensmitteln und werden spielerisch ans Backen herangeführt.

Lesen Sie sich gemeinsam mit Ihrem Kind die Hinweise in der folgenden Einleitung aufmerksam durch, bevor Sie gemeinsam in die kunterbunte Backwelt eintauchen!

VIEL SPASS MIT DEM BUCH UND VOR ALLEM BEIM BACKEN UND PROBIEREN!

INHALT

Einleitung 8

Backspaß ohne Waage 10
Schritt für Schritt zum Backprofi 11
Hier sind die Erwachsenen gefragt 12
Tipps & Tricks 14

Backrezepte 16

Witzige Schokokuss-Torte 18
Lieblingsmuffins mit Nuss-Nougat-Creme 32
Kunterbunter Papageienkuchen 40
Fluffige Zimtschnecken 50
Köstlicher Kirsch-Streusel 60
Lustiger Schmetterling 68
Himbeeriger Knusper-Crumble 82
Waffelburger Nougat-Banane 88
Rüblikuchen mit Marzipanmöhrchen 98
Kalte Hündchen im Schafsfell 110
Zuckersüßer Schokokuchen 120
Spitzbuben am Stiel 130

1/8 CUP

EINLEITUNG

Kinderleicht backen

Kinderleicht BACKEN

Backen ist ein Riesenspaß – erst recht, wenn die ganze Familie mit von der Partie ist und du der Chef in der Küche bist! Bevor es richtig losgeht, erhältst du auf den folgenden Seiten noch ein paar wichtige Informationen zu diesem Buch und den Bechern sowie jede Menge nützliche Tipps, die dir bei deinen ersten Backversuchen helfen werden.

BACKSPASS OHNE WAAGE

In deinem neuen cleveren Back-Set findest du dieses Buch mit 12 tollen Backrezepten. Außerdem hast du bestimmt schon die fünf farbigen Becher entdeckt. Weißt du, wofür sie sein könnten? Genau, zum Abmessen! So musst du Zutaten wie Mehl, Zucker oder Milch nicht mit einer Küchenwaage abwiegen. Du füllst sie einfach in den Becher und schon hast du die richtige Menge. Clever, nicht?

Es gibt ein paar Zutaten, die sich nicht mit den Bechern abmessen lassen, Butter zum Beispiel. Aber auch für solche Zutaten brauchst du keine Waage. In den Rezepten wird zum Beispiel immer entweder ein halbes oder ein ganzes Paket Butter verwendet. Einfacher geht´s nicht!

Achtung: Füll keine heißen Zutaten in die Becher!

So verwendest du die Becher

Die Becher haben unterschiedliche Größen und unterschiedliche Farben. So kannst du sie ganz leicht auseinanderhalten. In den Zutatenlisten bei den Rezepten siehst du, welchen Becher du verwenden musst. Hier ein paar Beispiele:

bedeutet, dass du einen hellgrünen Becher mit der Zutat füllen musst.

bedeutet, dass du zwei hellgrüne Becher mit der Zutat füllen musst.

bedeutet, dass du einen hellgrünen und einen orangefarbenen Becher mit der Zutat füllen musst.

Die Becher füllst du immer bis zum oberen Rand. Bei trockenen Zutaten wie Mehl oder Zucker geht das am einfachsten, wenn du sie erst gehäuft in die Becher füllst. Dann streifst du die überschüssige Menge über einer Schüssel mit einem Messerrücken ab. Bei flüssigen Zutaten wie Milch oder Wasser werden die Becher einfach randvoll gefüllt.

SCHRITT FÜR SCHRITT ZUM BACKPROFI

Die 12 tollen Rezepte in diesem Buch werden dir Schritt für Schritt genau erklärt. Dabei wird jeder Arbeitsschritt auf einem Foto gezeigt, damit du genau sehen kannst, wie es geht. Schau genau hin, wie es unsere kleinen Backexperten, Marie, Marlene und Ulrich, auf den Fotos vormachen, dann kannst du es bald genauso gut!

Auf der ersten Rezeptseite siehst du immer den fertigen Kuchen. Wenn du dich genau an die Anleitung hältst, wird der Kuchen bestimmt gelingen. Vielleicht sieht der Kuchen beim ersten Versuch nicht ganz genauso aus wie auf dem Bild. Mach dir nichts draus: Auch ein Profibäcker hat mal klein angefangen!

Auf der zweiten Rezeptseite findest du weitere wichtige Informationen zum Rezept. Unter „Das brauchst du" sind alle Zutaten aufgeführt, die in den einzelnen Arbeitsschritten verwendet werden.

Die praktische Einkaufsliste unten auf der Seite erleichtert dir das Einkaufen der Zutaten. Schreib sie einfach ab oder bitte jemanden, sie für dich zu kopieren – dann ist der Einkauf ein Kinderspiel! Unter „Das stellst du bereit" sind alle Küchenutensilien und -geräte aufgelistet, die du für das Rezept benötigst.

Vorbereitung

Bevor du beginnst, solltest du dir immer zuerst das ganze Rezept durchlesen oder es dir vorlesen lassen, damit du einen Überblick bekommst. Schau dir an, welche Zutaten du für das Rezept benötigst, und überprüfe, ob ihr alle Zutaten im Haus habt oder ob ihr sie noch einkaufen müsst. Stell die Zutaten vorab bereit, miss sie aber noch nicht mit den Bechern ab (manche Becher benötigst du ja mehrfach).

Auch die benötigten Küchenutensilien und -geräte suchst du am besten vorab schon einmal zusammen, damit später keine Hektik ausbricht.

HIER SIND DIE ERWACHSENEN GEFRAGT

Da bei diesem spannenden Abenteuer ein paar Gefahren lauern können, suche dir auf jeden Fall einen erwachsenen Begleiter, der dich bei deiner Reise ins Backparadies an die Hand nimmt und Arbeitsschritte, bei denen du dich verletzen könntest, übernimmt. Das kann zum Beispiel deine Mama oder dein Papa sein, deine Oma oder deine Tante. Je nachdem, wie alt du bist oder wieviel Übung du schon hast, kannst du vielleicht auch schon anspruchsvollere Handgriffe erledigen. Besprich das einfach vorher mit dem Erwachsenen, der dir hilft. Die folgenden Punkte solltet ihr unbedingt beachten!

Umgang mit Elektrogeräten
Ob Handrührgerät, Backofen, Herd oder Waffeleisen: Besprich mit einem Erwachsenen, ob du diese Geräte selbst bedienen darfst oder ob das lieber der Erwachsene übernimmt. Benutze Elektrogeräte auf jeden Fall nur in Anwesenheit eines Erwachsenen und lass dir genau erklären, worauf zu achten ist.

Bei den Rezepten wird sehr häufig ein Handrührgerät verwendet. Beim Benutzen des Gerätes muss man sehr vorsichtig sein. Zuerst werden die Rührstäbe in das Gerät gesteckt und erst dann der Stecker in die Steckdose. Das Rührgerät darf erst dann eingeschaltet werden, wenn die Rührstäbe tief in die Rührschüssel getaucht sind, dann spritzt es nicht. Wenn das Rühren erledigt ist, wird das Gerät zuerst ausgeschaltet und dann der Stecker aus der Steckdose gezogen. Erst ganz zum

Bitte nicht stören!
Lass dich beim Backen nicht ablenken, zum Beispiel durch Besuch oder das Telefon. Falls doch etwas Wichtiges dazwischen kommt, nimm den Topf vom Herd und stell Herd und Backofen aus. Verlasse die Küche auf keinen Fall, solange der Herd eingeschaltet ist!

Schluss werden die Rührstäbe aus dem Teig oder der Creme genommen.

Elektrostecker und Schalter aller Art darfst du niemals mit nassen Händen anfassen.

Achtung, heiß!
Wenn du mit heißen Gegenständen wie Töpfen, Backformen, Backblechen oder Ähnlichem hantierst oder mit Herd oder Backofen arbeitest, verwende zum Schutz vor Verbrennungen immer Topflappen oder Ofenhandschuhe! Je nach Alter lass Backbleche lieber von Erwachsenen in den Ofen schieben und aus dem Ofen holen. Das gleiche gilt für das Draufstellen und Herunternehmen von Töpfen vom Herd. Man kann sich dabei ganz böse verbrennen!

Vorsicht, scharf!
Beim Umgang mit scharfen Werkzeugen wie Messer, Schere, Sparschäler und Reibe ist äußerste Vorsicht geboten!

Ganz schön anstrengend
Arbeitsschritte wie Teig verkneten, Teig verrühren, Möhren raspeln und Ähnliches sind auf Dauer ganz schön anstrengend. Wenn du keine Kraft mehr hast, lass dir einfach helfen!

TIPPS & TRICKS

Das Ei ist beim Aufschlagen zerbrochen? Dein Kuchen ist außen schon etwas dunkel, aber innen noch nicht gar? Keine Panik! Mit den folgenden Tipps und ein bisschen Übung bist du ab sofort für alle Probleme gerüstet!

Verrühren und verkneten

Zu den Hauptarbeiten beim Backen gehören das Verrühren und Verkneten von Teigen, Sahne, Eiern oder Cremes. Dafür verwendet man ein Handrührgerät mit Rührbesen oder Knethaken. Ob die Rührbesen oder die Knethaken zum Einsatz kommen, hängt von den zu vermischenden Zutaten ab: Um weichere Zutaten zu einer cremigen oder schaumigen Masse zu verrühren, nimmt man die Rührbesen; um festere Massen wie Hefeteig zu verkneten, werden die Knethaken verwendet. Bei den Rezepten steht das unter „Das stellst du bereit" immer dabei.

Eier aufschlagen

Bei sehr vielen Backrezepten werden Eier verwendet. Das Aufschlagen von Eiern ist gar nicht schwierig, erfordert nur ein wenig Übung. Am besten nimmst du für das Aufschlagen eine Tasse oder Schüssel mit möglichst dünnem Rand. Schlag das Ei dann in der Mitte auf den Rand, so dass es einen Riss bekommt. Halte das Ei dann über die Tasse oder Schüssel, brich es dann vorsichtig in zwei Hälften auseinander und lass es in die Tasse oder Schüssel gleiten.

Zutatentemperatur

Alle Backzutaten sollten, wenn es nicht anders vermerkt ist, Zimmertemperatur haben. Hol daher Eier, Milch und Butter immer etwa 30 Minuten bevor du loslegst aus dem Kühlschrank. Die Zutaten lassen sich so leichter verarbeiten und verbinden sich besser zu einem Teig.

Backofentemperatur

Die Rezepte beziehen sich alle auf einen Elektroherd mit Ober-/Unterhitze. Wenn du mit Umluft backen möchtest, musst du die angegebene Temperatur einfach um 20 °C verringern.

Bräunungsgrad

Jeder Backofen ist unterschiedlich – ganz besonders, was die Oberhitze angeht. Behalte deinen Kuchen daher ab der Hälfte der Backzeit im Blick. Ist die Oberfläche braun genug, die Backzeit aber noch nicht zu Ende, deck ihn mit einem Stück Alufolie ab. Zieh dafür Ofenhandschuhe an oder verwende Topflappen und zieh den Backofenrost, auf dem der Kuchen steht, vorsichtig etwas aus dem Ofen heraus. Der Ofen und die Backform sind sehr heiß! Bitte daher lieber einen Erwachsenen darum, es für dich zu machen.

Stäbchenprobe
Ob ein Kuchen wirklich gar ist oder nicht, kann man von außen kaum entscheiden. Hier hilft die so genannte Stäbchenprobe. Dazu stichst du etwa 10 Minuten vor Ablauf der angegebenen Backzeit ein Holzstäbchen in die Mitte des Kuchens bis zum Formboden. Zieh das Stäbchen dann sofort wieder heraus: Hängen nur noch kleine Teigkrümel am Stäbchen, ist der Kuchen durchgebacken und kann heraus. Findet sich dagegen noch cremiger Teig am Stäbchen, braucht der Kuchen noch mehr Backzeit.

Für die Stäbchenprobe ziehst du den Backofenrost, auf dem der Kuchen steht, vorsichtig etwas aus dem Ofen heraus. Verwende dabei unbedingt Ofenhandschuhe oder Topflappen, denn die Backform und der Ofen sind sehr heiß! Lass es daher lieber einen Erwachsenen machen!

Abkürzungen
cm = Zentimeter
El = Esslöffel
g = Gramm
ml = Milliliter
Tl = Teelöffel
Ø = Durchmesser
°C = Grad Celsius

Kuchen aus der Springform lösen
Ist der Kuchen durchgebacken, muss er raus aus dem Ofen. Stell den Ofen aus und zieh dir Ofenhandschuhe an (oder du verwendest Topflappen). Nimm die Backform dann aus dem Ofen und stell sie auf ein Kuchengitter. Lass den Kuchen etwa 10 Minuten ruhen, fahr dann vorsichtig mit einem Messer mit flacher Klinge in Sägebewegungen zwischen Rand und Kuchen entlang. Auf diese Weise lockerst du den Kuchen vom Springformrand und er geht beim Öffnen der Form nicht kaputt. Dann kannst du die Form öffnen und abnehmen. Aber pass auf! Die Form und der Kuchen sind dann immer noch sehr heiß. Bitte gegebenenfalls einen Erwachsenen um Hilfe.

Jetzt kann's losgehen! Wir wünschen dir viel Spaß bei deiner Entdeckungsreise durch die kunterbunte Welt des Backens!

IST DER NICHT SÜß?

BACKREZEPTE

Ran an die Becher!

Witzige

SCHOKOKUSS-TORTE

Arbeitszeit: ca. 20 Minuten * Zeit zum Abkühlen: ca. 10 Minuten * Kühlzeit: ca. 4 Stunden

Für 12–16 Stücke

DAS BRAUCHST DU

Für die Creme

1 große Packung Magerquark (500 g)
Sahne
2 Päckchen Sahnesteif
12 Schokoküsse

Für den Tortenboden

Sonnenblumenöl
Popcorn-Mais
Zucker
1 ½ Packungen Vollmilch-kuvertüre (insg. 300 g)
Sahne

DAS STELLST DU BEREIT

kleines Sieb
großer Topf mit Deckel
Topflappen
Küchenwecker
großes Messer
Küchenbrett
große Schüssel
Backpapier
Kinderschere
Springform (24–26 cm Ø)
kleiner Topf
2 große Rührschüsseln
Handrührgerät mit Rührbesen

EINKAUFSLISTE

1 große Packung Magerquark (500 g)
525 ml Sahne
60 ml Sonnenblumenöl
100 g Popcorn-Mais
100 g Zucker
2 Päckchen Sahnesteif
1 ½ Packungen Vollmilch-kuvertüre (insg. 300 g)
12 Schokoküsse

1 Packung Magerquark
(500 g)

1

Gib den Quark für die Creme in ein feines Sieb und lass ihn bis zur weiteren Verwendung abtropfen.

Sonnenblumenöl
Popcorn-Mais

2

Für den Tortenboden gieß das Öl in einen großen Topf und erhitz es. Streu dann den Popcorn-Mais gleichmäßig hinein.

3

Leg sofort den Deckel auf und warte, bis es anfängt zu ploppen. Das Popcorn ist fertig, wenn du kein Ploppen mehr hörst – das dauert etwa 2 Minuten. Rüttle während dieser Zeit ab und an vorsichtig den Topf hin und her.

Wenn es schneller gehen soll, nimm einfach fertiges Popcorn!

4

Mach den Herd aus und zieh den Topf vom Herd. Rüttle noch einmal am Topf und warte, bis du wirklich kein Ploppen mehr hörst. Nimm dann den Deckel ab.

Zucker

5

Gib den Zucker zum Popcorn. Rühr ihn gleichmäßig unter und lass das Popcorn dann abkühlen.

6

Hack ungefähr die Hälfte des Popcorns mit einem großen Messer etwas kleiner und füll es in eine große Schüssel.

Leg einfach den Springformboden auf das Backpapier und umrande ihn mit einem Bleistift – so kriegst du ganz leicht die passende Größe!

7

Schneid ein Stück Backpapier kreisrund in Springformgröße (24–26 cm Ø) zu und leg es dann auf den Boden der Springform.

1 ½ Packungen Vollmilchkuvertüre (insg. 300 g)
Sahne

8

Brich die Kuvertüre in Stücke. Gib sie dann mit der Sahne in einen Topf. Erwärm alles bei schwacher Hitze so lange, bis die Kuvertüre geschmolzen ist. Rühr die Masse dabei immer wieder mit einem Esslöffel um.

9

Gieß die flüssige Schoko-Mischung zu dem gehackten Popcorn und vermisch alles gründlich.

10 Gib die Popcorn-Mischung in die Springform und drück alles zu einem Boden fest. Stell die Form 30 Minuten in den Kühlschrank.

Sahne
2 Päckchen Sahnesteif

11 Gieß die Sahne für die Creme in eine Rührschüssel. Quirl sie mit dem Handrührgerät etwas an, bis sie schaumig wird. Schütte dann das Sahnesteif hinzu und quirl so lange, bis die Sahne steif ist. Stell sie kalt.

12 Gib den abgetropften Magerquark in eine Rührschüssel.

12 Schokoküsse

13 Mach von den Schokoküssen die Waffelböden ab. Gib die Schokoküsse dann zum Quark.

14 Verquirl die Schokoküsse mit dem Quark. Heb die steif geschlagene Sahne unter die Quarkmischung.

15 Hol die Form aus dem Kühlschrank und verteil die Creme auf dem Popcornboden. Stell die Torte 4 Stunden in den Kühlschrank.

Wenn Waffelböden übrig bleiben, kannst du sie vernaschen!

16 Entfern vorsichtig den Springformrand. Teile die Waffelböden in zwei Hälften. Leg sie dann nebeneinander an den Rand der Torte.

17 Bestreu die Torte mit dem restlichen Popcorn.

FERTIG!

LIEBLINGSMUFFINS
mit Nuss-Nougat-Creme

Arbeitszeit: ca. 10 Minuten * Backzeit: ca. 18 Minuten *
Zeit zum Abkühlen: ca. 30 Minuten

Für 12 Stück

DAS BRAUCHST DU

Für die Muffins
Mehl
Nuss-Nougat-Creme
3 Eier (Größe M)

Außerdem
Puderzucker zum Bestäuben

DAS STELLST DU BEREIT

12 Muffin-Papierförmchen
Muffinblech
große Rührschüssel
Schüssel oder Tasse mit dünnem Rand
Handrührgerät mit Rührbesen
Backofenrost
Topflappen
Küchenwecker
Kuchengitter
kleines Sieb

EINKAUFSLISTE

3 Eier (Größe M)
270 g Nuss-Nougat-Creme
140 g Mehl
25 g Puderzucker
12 Muffin-Papierförmchen

12 Muffin-Papierförmchen

1

Heiz den Backofen auf 180 °C Ober- und Unterhitze vor. Leg jeweils 1 Papierförmchen in die Mulden des Muffinblechs.

- Mehl
- Nuss-Nougat-Creme

2

Gib das Mehl in eine Rührschüssel. Gib die Nuss-Nougat-Creme dazu.

3 Eier

3

Schlag ein Ei am Rand einer Schüssel oder Tasse auf und gib es ebenfalls in die Rührschüssel. Mach dasselbe mit den restlichen Eiern.

180 °C
Ober- und
Unterhitze

4 Verquirl alles mit dem Handrührgerät zu einem glatten Teig.

5 Verteil den Teig auf die Papierförmchen. Back die Muffins 18 Minuten auf der mittleren Schiene.

6 Hol die Muffins aus dem Ofen. Stell das Muffinblech auf ein Kuchengitter und lass die Muffins vollständig auskühlen.

7

Nimm die ausgekühlten Muffins vorsichtig aus den Mulden.

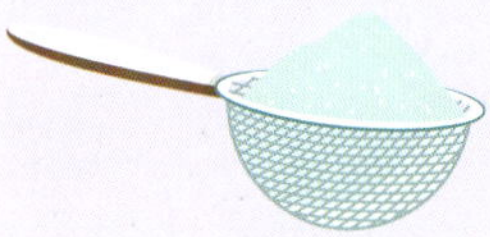

8

Gib den Puderzucker in ein kleines Sieb und bestäub die Muffins dick damit.

Puderzucker

Du kannst die Muffins auch mit Schokoglasur bestreichen und mit bunten Schokolinsen verzieren – so wie den Schokokuchen von S. 120!

FERTIG!

Kunterbunter

PAPAGEIENKUCHEN

Arbeitszeit: ca. 25 Minuten * Backzeit: ca. 55 Minuten *
Zeit zum Abkühlen: ca. 30 Minuten

Für 15 Stücke

DAS BRAUCHST DU

Für den Teig

5 Eier (Größe M)
Zucker
Sonnenblumenöl
Mehl
1 Päckchen Backpulver
Orangensaft
Lebensmittelfarbe in Gelb, Rot und Grün

Für die Verzierung

Puderzucker
Wasser
bunte Zuckerperlen

DAS STELLST DU BEREIT

Kastenform (30 cm Länge)
Backpapier
Schüssel oder Tasse mit dünnem Rand
große Rührschüssel
Handrührgerät mit Rührbesen
3 kleine Schüsseln
Backofenrost
Topflappen
Küchenwecker
Alufolie
Kuchengitter

EINKAUFSLISTE

5 Eier (Größe M)
230 ml Sonnenblumenöl
320 g Zucker
200 g Puderzucker
300 g Mehl
1 Päckchen Backpulver
30 g bunte Zuckerperlen
Lebensmittelfarbe in Gelb, Rot und Grün
120 ml Orangensaft

1

Heiz den Backofen auf 180 °C Ober- und Unterhitze vor. Leg eine Kastenform (30 cm Länge) mit Backpapier aus.

5 Eier

2

Schlag die Eier am Rand einer Schüssel oder Tasse auf. Gib sie dann in eine Rührschüssel.

Zucker

3

Gib den Zucker dazu. Verquirl alles mit dem Handrührgerät, bis es ganz cremig ist.

180 °C
Ober- und
Unterhitze

Sonnenblumenöl

4 Gieß das Öl dazu und quirl es unter.

Mehl
1 Päckchen Backpulver
Orangensaft

5 Gib Mehl, Backpulver und Orangensaft dazu.

Lebensmittelfarbe in Gelb, Rot und Grün

6 Verquirl alles mit dem Handrührgerät zu einem flüssigen Teig. Teil den Teig dann in 3 Teile, gib jeweils etwas Lebensmittelfarbe dazu und färb die Teige damit bunt ein.

7

Gieß die bunten Teige nun nacheinander in die Kastenform. Beginn mit dem gelben Teig. Gieß dann den roten Teig möglichst in der Mitte der Länge nach in die Form. Gieß zum Schluss den grünen Teig ebenso wie den roten Teig in die Form.

Die Teigschichten verteilen sich beim Backen wie von Zauberhand zu einem hübschen Muster!

8

Back den Kuchen ca. 55 Minuten auf der mittleren Schiene. Deck den Teig dabei nach ungefähr der Hälfte der Backzeit mit einem Stück Alufolie ab, damit der Kuchen außen nicht zu dunkel wird.

9

Hol den Kuchen aus dem Ofen und lass ihn ca. 15 Minuten ohne die Alufolie in der Form ruhen. Heb den Kuchen dann aus der Form und lass ihn auf einem Kuchengitter vollständig abkühlen.

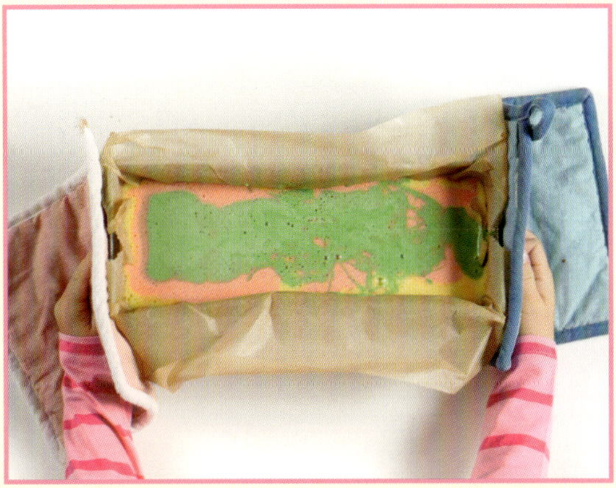

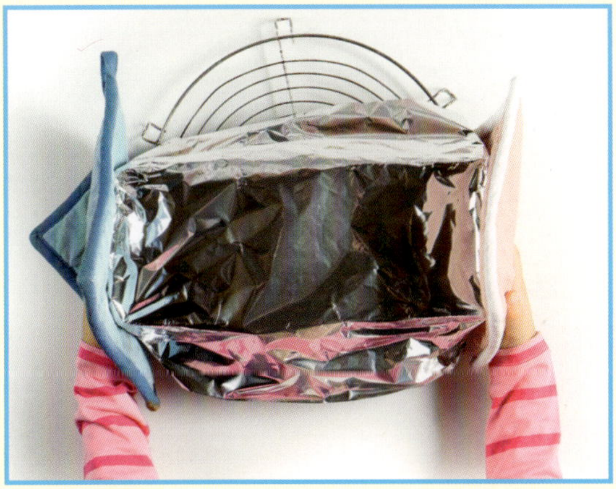

Puderzucker
Wasser

10 Gib den Puderzucker mit dem Wasser in eine Schüssel. Verrühr beides zu einem dickflüssigen Guss.

11 Verstreich den Zuckerguss auf dem Kuchen.

Zuckerperlen

12 Streu in den noch weichen Guss die Zuckerperlen und lass dann alles trocknen.

Fluffige Zimtschnecken

Arbeitszeit: ca. 50 Minuten * Zeit zum Gehen: ca. 1 Stunde 30 Minuten * Backzeit: ca. 40 Minuten

Für ca. 20 Stück

Das brauchst du

Für den Teig

Mehl

Zucker

1 Päckchen Trockenhefe

Milch

½ Paket weiche Butter (125 g)

1 Ei (Größe M)

Zum Bestreichen und Bestreuen

½ Paket Butter (125 g)

Zucker

1 El Zimt

Außerdem

Mehl für die Arbeitsfläche und das Nudelholz

Das stellst du bereit

große Rührschüssel

kleiner Topf

Schüssel oder Tasse mit dünnem Rand

Handrührgerät mit Knethaken

2 Küchentücher

Küchenwecker

kleine Schüssel

Nudelholz

Küchenpinsel

Messer

2 Backbleche

Backpapier

Topflappen

Kuchengitter

Einkaufsliste

1 Paket Butter (250 g)
235 ml Milch
1 Ei (Größe M)
500 g Mehl
1 Päckchen Trockenhefe
160 g Zucker
1 El Zimt

Mehl
Zucker
1 Päckchen Trockenhefe

1

Gib das Mehl mit dem Zucker und der Trockenhefe in eine große Rührschüssel. Vermische alles gut.

Milch
½ Paket Butter (125 g)

2

Gieß die Milch in einen kleinen Topf, gib die Butter in groben Stücken dazu und erwärm alles, bis sich die Butter aufgelöst hat und die Mischung lauwarm ist. Gib die lauwarme Mischung zu der Mehlmischung.

1 Ei

3

Schlag das Ei am Rand einer Schüssel oder Tasse auf und gib es ebenfalls in die Rührschüssel. Verknete alles mit dem Handrührgerät zu einem glatten Teig.

4

Leg ein Küchentuch über die Schüssel und lass den Teig 1 Stunde an einem warmen Ort gehen.

5

Gib die Butter zum Bestreichen in einen kleinen Topf und erwärm sie, bis sie gerade so flüssig ist. Nimm sie dann vom Herd.

½ Paket Butter (125 g)

6

Gib Zucker und Zimt in eine kleine Schüssel und vermisch beides miteinander.

Zucker
1 El Zimt

Mehl zum Ausrollen

7

Bestäub die Arbeitsfläche und ein Nudelholz mit etwas Mehl und gib den Hefeteig auf die Arbeitsfläche. Knet den Teig zuerst kurz durch, roll ihn dann zu einem großen Rechteck aus (ca. 40 x 25 cm).

8

Bestreich den Teig mit gut der Hälfte der zerlassenen Butter und streu die Zucker-Zimt-Mischung darüber.

9

Roll den Teig von der langen Seite her auf. Schneid ihn dann in ca. 2 cm dicke Scheiben.

Lass etwas Abstand zwischen den Schnecken – sie gehen beim Backen noch auf!

10 Beleg zwei Backbleche mit Backpapier und leg die Scheiben darauf. Leg dann locker über jedes Blech ein Küchentuch. Lass die Schnecken noch einmal 30 Minuten gehen.

11 Heiz den Backofen auf 175 °C Ober- und Unterhitze vor.

Falls die Butter nicht mehr flüssig ist, erwärm sie noch einmal kurz!

12 Bestreich die Schnecken eines Backblechs mit der Hälfte der restlichen Butter. Back die Schnecken dann 20 Minuten auf der mittleren Schiene. Lass sie dann auf einem Kuchengitter abkühlen. Verfahre mit den restlichen Schnecken genauso.

175 °C
Ober- und
Unterhitze

Köstlicher KIRSCH-STREUSEL

Arbeitszeit: ca. 25 Minuten * Backzeit: ca. 35 Minuten

Für 20 Stücke

DAS BRAUCHST DU

Für den Belag
2 Gläser Sauerkirschen ohne Kerne

Für den Teig
1 Paket weiche Butter (250 g)
Zucker
4 Eier (Größe M)
Mehl
1 Päckchen Backpulver

Für die Streusel
Mehl
½ Paket weiche Butter (125 g)
Zucker

DAS STELLST DU BEREIT

tiefes Backblech
Backpapier
Sieb
große Rührschüssel
Handrührgerät mit Rührbesen
Schüssel oder Tasse mit dünnem Rand
Kochlöffel
Schüssel
Topflappen
Küchenwecker

EINKAUFSLISTE

1 ½ Pakete Butter (insg. 375 g)
4 Eier (Größe M)
420 g Zucker
630 g Mehl
1 Päckchen Backpulver
2 Gläser Sauerkirschen

1

Heiz den Backofen auf 180 °C Ober- und Unterhitze vor. Beleg ein tiefes Backblech mit Backpapier.

2

Schütte die Kirschen in ein Sieb und lass sie abtropfen.

2 Gläser Sauerkirschen

3

Für den Teig schneid die Butter in grobe Stücke und gib sie mit dem Zucker in eine Rührschüssel. Verquirl beides gründlich mit dem Handrührgerät.

1 Paket Butter (250 g)
Zucker

180 °C
Ober- und
Unterhitze

Den Saft brauchen wir für den Kuchen nicht – du kannst ihn trinken, wenn du magst!

4 Eier

4

Schlag die Eier am Rand einer Tasse oder Schüssel auf, gib sie in die Rührschüssel und quirl sie gut mit dem Handrührgerät unter.

 Mehl
1 Päckchen Backpulver

5

Gib Mehl und Backpulver dazu und rühr beides mit einem Kochlöffel unter den Teig.

6

Verstreich den Teig auf dem Backblech. Verteil dann die abgetropften Kirschen darauf.

7

Gib alle Zutaten für die Streusel, also das Mehl, die Butter in Stücken und den Zucker, in eine Schüssel. Verknete alles zu einem streuseligen Teig.

Mehl
½ Paket Butter (125 g)
Zucker

8

Krümel den Streuselteig über die Kirschen. Back den Kuchen dann 35 Minuten auf der mittleren Schiene.

9

Hol den Kuchen aus dem Ofen und lass ihn vollständig abkühlen.

Lustiger SCHMETTERLING

Arbeitszeit: ca. 45 Minuten * Backzeit: ca. 45 Minuten * Abkühlzeit: ca. 1 Stunde * Zeit zum Trocknen: ca. 1 Stunde

Für 12–16 Stücke

DAS BRAUCHST DU

Für den Teig
1 Paket Butter (250 g)
Zucker
4 Eier (Größe M)
3 reife Bananen
½ Zitrone
Mehl
1 Päckchen Backpulver

Für die Verzierung
Puderzucker
Wasser
Lebensmittelfarbe in Grün und Gelb
bunte Schokolinsen zum Verzieren
blaue Zuckerschrift
2 Lollis

Außerdem
Butter für die Form

DAS STELLST DU BEREIT

Springform (24–26 cm Ø)
Küchenpinsel
große Rührschüssel
Handrührgerät mit Rührbesen
Schüssel oder Tasse mit dünnem Rand
hoher Rührbecher
Zitronenpresse
Pürierstab
Kochlöffel
Backofenrost
Topflappen
Küchenwecker
Kuchengitter
Messer
Lineal
große Tortenplatte
kleine Schüssel

EINKAUFSLISTE

3 reife Bananen
½ Zitrone
1 Paket Butter (250 g)
4 Eier (Größe M)
280 g Mehl
1 Päckchen Backpulver
200 g Zucker
150 g Puderzucker
Lebensmittelfarbe in Grün und Gelb
blaue Zuckerschrift
70 g bunte Schokolinsen
2 Lollis

Butter für die Form

1 Heiz den Backofen auf 180 °C Ober- und Unterhitze vor. Pinsle eine Springform (24–26 cm Ø) mit Butter ein.

1 Paket Butter (250 g)
Zucker

2 Schneid die Butter in grobe Stücke und gib sie mit dem Zucker in eine Rührschüssel. Verquirl beides gründlich mit dem Handrührgerät.

4 Eier

3 Schlag die Eier am Rand einer Schüssel oder Tasse auf, gib sie dann in die Rührschüssel und quirl sie mit dem Handrührgerät gründlich unter.

180 °C
Ober- und
Unterhitze

3 Bananen

4 Schäl die Bananen, brich sie in Stücke und gib sie in einen hohen Rührbecher.

½ Zitrone

5 Press die halbe Zitrone aus und gib den Zitronensaft zu den Bananen.

6 Pürier alles mit einem Pürierstab.

7 Gib das Bananenpüree zu dem Teig in die Rührschüssel.

8 Gib Mehl und Backpulver dazu und verrühr alles mit einem Kochlöffel zu einem glatten Teig.

Mehl
1 Päckchen Backpulver

9 Verteil den Teig in der Springform und back den Kuchen ca. 45 Minuten auf der mittleren Schiene.

10 Hol den Kuchen aus dem Ofen und lass ihn 15 Minuten in der Form ruhen. Nimm ihn dann aus der Form und lass ihn auf einem Kuchengitter vollständig auskühlen.

11 Schneid aus der Mitte des Kuchens einen ca. 2 cm breiten Streifen heraus.

Gleich sieht es schon ein bisschen aus wie ein Schmetterling!

12 Leg den Streifen mittig auf eine große Tortenplatte. Leg die Seitenteile mit der Wölbung nach innen rechts und links als Flügel an den Streifen.

Jetzt wird's kreativ!

Puderzucker
Wasser

13 Gib den Puderzucker in eine kleine Schüssel und verrühr ihn mit dem Wasser zu einem dickflüssigen Guss.

grüne Lebensmittelfarbe

14 Gib zwei Esslöffel des Gusses in ein Schüsselchen, gib etwas grüne Lebensmittelfarbe dazu und verrühre alles gut. Bepinsle den Schmetterlingskörper mit dem grünen Guss.

gelbe Lebensmittelfarbe

15 Färb den restlichen Guss gelb ein und bepinsle damit die Flügel des Schmetterlings.

Schokolinsen

16

Verzier den Schmetterling mit bunten Schokolinsen. Lass dann alles trocknen.

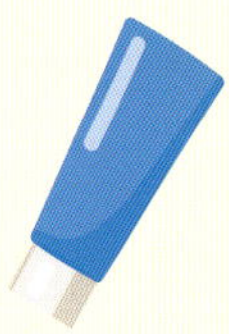

blaue Zuckerschrift

17

Mal mit blauer Zuckerschrift Streifen und Kringel auf. Lass die Zuckerschrift dann trocknen.

2 Lollis

18

Steck zum Schluss die beiden Lollis als Fühler an den Schmetterlingskopf.

Verzier den Kuchen ganz so, wie es dir gefällt!

Himbeeriger

KNUSPER-CRUMBLE

Arbeitszeit: ca. 15 Minuten * Backzeit: ca. 35 Minuten

Für 4–6 Portionen

DAS BRAUCHST DU

Für die Streusel

Mehl

½ Paket weiche Butter (125 g)

Zucker

Für die Himbeeren

Tiefkühl-Himbeeren

2 Tl Vanille-Puddingpulver

Zucker

DAS STELLST DU BEREIT

2 Schüsseln

Auflaufform

Backofenrost

Ofenhandschuhe oder Topflappen

Küchenwecker

EINKAUFSLISTE

½ Paket Butter (125 g)

210 g Mehl

200 g Zucker

2 Tl Vanille-Puddingpulver

450 g Tiefkühl-Himbeeren

1 Heiz den Backofen auf 190 °C Ober- und Unterhitze vor.

Mehl
½ Paket Butter (125 g)
Zucker

2 Gib alle Zutaten für die Streusel, also das Mehl, die Butter in Stücken und den Zucker, in eine große Schüssel. Verknete alles zu einem streuseligen Teig.

Tiefkühl-Himbeeren
2 Tl Vanille-Puddingpulver
Zucker

3 Gib die tiefgekühlten Himbeeren mit dem Puddingpulver und dem Zucker in eine andere Schüssel. Verrühr alles vorsichtig miteinander.

190 °C
Ober- und
Unterhitze

4 Gib die Himbeer-Mischung in eine Auflaufform.

5 Verteil die Streusel darauf.

Der Crumble schmeckt warm und kalt!

6 Back den Crumble 35 Minuten auf der unteren Schiene.

Jetzt wird gestreuselt!

WAFFELBURGER
Nougat-Banane

Arbeitszeit: ca. 30 Minuten * Backzeit: ca. 20 Minuten

Für 6 Stück

DAS BRAUCHST DU

Für den Waffelteig
½ Paket weiche Butter (125 g)
Zucker
3 Eier (Größe M)
Mehl
1 Tl Backpulver
Milch

Für den Belag
2 Bananen
Nuss-Nougat-Creme

Außerdem
Sonnenblumenöl für das Waffeleisen
Puderzucker zum Bestäuben

DAS STELLST DU BEREIT

große Rührschüssel
Handrührgerät mit Rührbesen
Schüssel oder Tasse mit dünnem Rand
Waffeleisen
Küchenpinsel
kleine Schöpfkelle oder großer Löffel
Küchenwecker
Gabel
Kuchengitter
Küchenbrett
kleines Sieb

EINKAUFSLISTE

2 Bananen
½ Paket Butter (125 g)
150 ml Milch
3 Eier (Größe M)
180 g Mehl
100 g Zucker
25 g Puderzucker zum Bestäuben
1 Tl Backpulver
130 g Nuss-Nougat-Creme
30 ml Sonnenblumenöl

½ Paket Butter (125 g)
Zucker

1

Schneid die Butter in grobe Stücke und gib sie mit dem Zucker in eine Rührschüssel. Schlag beides mit dem Handrührgerät schaumig.

3 Eier

2

Schlag die Eier am Rand einer Schüssel oder Tasse auf. Gib sie dann in die Rührschüssel und rühr sie kurz mit dem Handrührgerät unter.

Mehl
1 Tl Backpulver
Milch

3

Gib Mehl, Backpulver und die Milch dazu und verquirl alles mit dem Handrührgerät zu einem glatten Teig.

Sonnenblumenöl

4. Heiz das Waffeleisen wie in der Bedienungsanleitung beschrieben auf. Bestreich es dann mit einem Küchenpinsel mit etwas Sonnenblumenöl.

5. Gib einen großen Löffel oder eine kleine Schöpfkelle voll Teig in die Mitte des Waffeleisens und verstreich ihn auf dem Waffeleisen. Klapp das Waffeleisen zu und back eine goldgelbe Waffel – das dauert ca. 3 Minuten.

6. Öffne das Waffeleisen und hol die Waffel mit einer Gabel heraus. Leg sie dann auf ein Kuchengitter. Verfahre jetzt so weiter, bis der Teig aufgebraucht ist – der Teig reicht für ungefähr 6 Waffeln.

Die Waffel ist fertig, wenn sie goldgelb gebräunt ist!

2 Bananen

7 Für den Belag schäl die Bananen und schneid sie auf einem Küchenbrett in dünne Scheiben.

8 Teil nun die Waffeln in die einzelnen Herzen.

Nuss-Nougat-Creme

9 Ein Herz bleibt pro Waffel frei, die anderen bestreichst du mit Nuss-Nougat-Creme und legst die Bananenscheiben darauf.

10

Leg 4 belegte Waffelherzen so aufeinander, dass die Füllung jeweils nach oben zeigt. Leg zum Schluss jeweils ein unbelegtes Waffelherz darauf.

11

Gib den Puderzucker in ein kleines Sieb und bestäub die Waffelburger damit.

Puderzucker

FERTIG!

RÜBLIKUCHEN

mit Marzipanmöhrchen

Arbeitszeit: ca. 1 Stunde * Backzeit: ca. 55 Minuten *
Zeit zum Abkühlen: ca. 1 Stunde

Für 12–16 Stücke

DAS BRAUCHST DU

Für den Kuchen
4 große Möhren (insg. 400 g)
6 Eier (Größe M)
Zucker
1 Päckchen Backpulver
1 Päckchen Vanille-Puddingpulver
gemahlene Mandeln

Zum Verzieren
Puderzucker
½ Paket Marzipanrohmasse (100 g)
Lebensmittelfarbe in Orange und Grün

Außerdem
Butter für die Form

DAS STELLST DU BEREIT

Springform (26 cm Ø)
Küchenpinsel
Küchenbrett
Sparschäler
Messer
Küchenreibe
Schüssel oder Tasse mit dünnem Rand
große Rührschüssel
Handrührgerät mit Rührbesen
Kochlöffel
Backofenrost
Topflappen
Küchenwecker
ggf. Alufolie zum Abdecken
Kuchengitter
kleines Sieb
Teelöffel
2 kleine Schüsseln

EINKAUFSLISTE

4 große Möhren (insg. 400 g)
400 g gemahlene Mandeln
1 Päckchen Vanille-Puddingpulver
1 Päckchen Backpulver
250 g Zucker
6 Eier (Größe M)
½ Paket Marzipanrohmasse (100 g)
Lebensmittelfarbe in Orange und Grün
25 g Puderzucker zum Bestäuben

Butter für die Form

1 Heiz den Backofen auf 180 °C Ober- und Unterhitze vor. Streich die Springform mit Butter aus.

4 Möhren (insg. 400 g)

2 Schäl die Möhren und schneid die Enden ab. Rasple die Möhren dann mit einer Küchenreibe in grobe Raspel.

6 Eier
Zucker

3 Schlag die Eier am Rand einer Schüssel oder Tasse auf und gib sie dann mit dem Zucker in eine Rührschüssel. Schlag alles schaumig.

180 °C
Ober- und
Unterhitze

1 Päckchen Backpulver
1 Päckchen Vanille-Puddingpulver

4 Gib Backpulver und Puddingpulver dazu und verquirl alles gut.

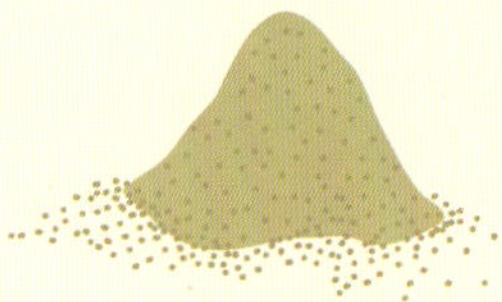

gemahlene Mandeln

5 Gib die Mandeln becherweise dazu und rühr sie jeweils gründlich mit dem Handrührgerät unter.

6 Gib zum Schluss die Möhrenraspel dazu und rühr sie mit einem Kochlöffel unter.

7 Verteil den Teig in der Springform und back den Kuchen 55 Minuten auf der mittleren Schiene.

Guck nach der Hälfte der Backzeit ab und zu nach dem Kuchen: Falls er oben zu dunkel wird, deck ihn mit Alufolie ab!

8 Hol den Kuchen aus dem Ofen und lass ihn in der Form auf einem Kuchengitter vollständig abkühlen. Entferne dann den Springformrand.

9 Gib den Puderzucker in ein kleines Sieb und bestäub den Kuchen dick damit.

Puderzucker

75 g Marzipanrohmasse
orangefarbene Lebensmittelfarbe

10 Gib ¾ des Marzipans in Stücken mit etwas orangefarbener Lebensmittelfarbe in eine Schüssel. Verknete beides gut miteinander.

11 Form aus der Marzipanmasse kleine Möhren. Verteil sie dann auf dem Kuchen.

restliche Marzipanrohmasse (25 g)
grüne Lebensmittelfarbe

12 Gib das restliche Marzipan mit etwas grüner Lebensmittelfarbe in eine Schüssel. Verknete alles gut.

13 Form aus der Masse so viele kleine Kugeln, wie du Möhren hast. Drück sie leicht flach und leg sie oben als Möhrengrün an die Möhren.

Der niedliche Rüblikuchen ist nicht nur zu Ostern der Renner!

KALTE HÜNDCHEN

im Schafsfell

Arbeitszeit: ca. 20 Minuten * Zeit zum Abkühlen: ca. 20 Minuten * Kühlzeit: ca. 4 Stunden

Für 12 Stück

DAS BRAUCHST DU

- Sonnenblumenöl
- Popcorn-Mais
- flüssiger Honig
- 2 Packungen Vollmilchkuvertüre (insg. 400 g)
- ½ Paket Kokosfett (125 g)
- Sahne

DAS STELLST DU BEREIT

- großer Topf mit Deckel
- Küchenwecker
- Kochlöffel
- 12 Muffin-Papierförmchen
- Muffinblech
- kleiner Topf

EINKAUFSLISTE

150 ml Sahne
½ Paket Kokosfett (125 g)
40 g flüssiger Honig
30 ml Sonnenblumenöl
50 g Popcorn-Mais
2 Packungen Vollmilchkuvertüre (insg. 400 g)
12 Muffin-Papierförmchen

Sonnenblumenöl
Popcorn-Mais

1

Gib das Öl in einen großen Topf und erhitz es. Streu dann den Popcorn-Mais gleichmäßig hinein.

2

Leg sofort den Deckel auf und warte, bis es anfängt zu ploppen. Das Popcorn ist fertig, wenn du kein Ploppen mehr hörst – das dauert etwa 2 Minuten. Rüttle während dieser Zeit ab und an vorsichtig den Topf hin und her.

Wenn es schneller gehen soll, nimm einfach fertiges Popcorn!

3

Mach den Herd aus und zieh den Topf vom Herd. Rüttle noch einmal am Topf und warte, bis du wirklich kein Ploppen mehr hörst. Nimm dann den Deckel ab.

flüssiger Honig

4

Gib den Honig zum Popcorn und rühr ihn mit einem Kochlöffel gleichmäßig unter. Lass das Popcorn dann abkühlen.

12 Muffin-Papierförmchen

5

Leg jeweils 1 Papierförmchen in die Mulden eines Muffinblechs. Verteil die Hälfte des Popcorns auf die Mulden.

2 Packungen Kuvertüre (insg. 400 g)

6

Brich die Kuvertüre in kleine Stücke.

½ Paket Kokosfett (125 g)
Sahne

7 Gib die Kuvertüre mit dem Kokosfett und der Sahne in einen kleinen Topf. Erwärm alles bei schwacher bis mittlerer Hitze so lange, bis alles geschmolzen ist. Rühr dabei immer wieder um.

8 Verteil die Kuvertüre-Mischung auf die Mulden des Muffinblechs.

9 Verteil das restliche Popcorn darauf.

10 Lass die Kuvertüre abkühlen. Stell die Hündchen dann mindestens 4 Stunden in den Kühlschrank, bevor du sie servierst.

Die Hündchen werden bei Zimmertemperatur schnell wieder weich. Hol sie daher am besten portionsweise aus dem Kühlschrank und lass die anderen im Kühlschrank stehen, bis auch sie gegessen werden.

Zuckersüßer
SCHOKOKUCHEN

Arbeitszeit: ca. 30 Minuten * Backzeit: ca. 45 Minuten * Zeit zum Abkühlen: ca. 1 Stunde

Für 12-16 Stücke

DAS BRAUCHST DU

Für den Teig
1 Paket weiche Butter (250 g)
Zucker
4 Eier (Größe M)
Mehl
1 Päckchen Backpulver
Kakaopulver
gemahlene Mandeln
Sahne

Für die Glasur
1 Packung Vollmilchkuvertüre (200 g)
Sahne

Außerdem
Butter für die Form
Schokolinsen

DAS STELLST DU BEREIT

Springform (26 cm Ø)
Küchenpinsel
große Rührschüssel
Handrührgerät mit Rührbesen
Schüssel oder Tasse mit dünnem Rand
Teigschaber
Backofenrost
Topflappen
Küchenwecker
ggf. Alufolie zum Abdecken
Kuchengltter
kleiner Topf

EINKAUFSLISTE

430 ml Sahne
1 Paket Butter (250 g)
4 Eier (Größe M)
250 g Zucker
75 g gemahlene Mandeln
350 g Mehl
80 g Kakaopulver
1 Päckchen Backpulver
1 Packung Vollmilchkuvertüre (200 g)
100 g Schokolinsen

Butter für die Form

1 Heiz den Backofen auf 180 °C Ober- und Unterhitze vor. Pinsel eine Springform (26 cm Ø) mit Butter aus.

1 Paket Butter (250 g)
Zucker

2 Gib die Butter in Stücken zusammen mit dem Zucker in eine große Rührschüssel. Verquirl beides gründlich mit dem Handrührgerät.

4 Eier

3 Schlag die Eier am Rand einer Tasse oder Schüssel auf und gib sie in die Rührschüssel.

180 °C
Ober- und
Unterhitze

- Mehl
- 1 Päckchen Backpulver
- Kakaopulver

4

Gib Mehl, Backpulver und Kakaopulver ebenfalls dazu und verquirl alles kurz mit dem Handrührgerät.

- gemahlene Mandeln
- Sahne

5

Gib die gemahlenen Mandeln und die Sahne dazu und verquirl nun alles gründlich mit dem Handrührgerät zu einem glatten Teig.

Deck den Kuchen ggf. nach 35–40 Minuten mit Alufolie ab, falls er zu dunkel wird.

6

Verteil den Teig in der Springform und streich ihn glatt. Back den Kuchen ca. 50 Minuten auf der mittleren Schiene.

7 Hol den Kuchen aus dem Ofen und lass ihn auf einem Kuchengitter auskühlen.

1 Packung Kuvertüre (200 g)
Sahne

8 Für die Glasur brich die Kuvertüre in Stücke. Gieß die Sahne in einen kleinen Topf und erwärm sie.

9 Gib die Kuvertüre dazu und lass sie schmelzen, indem du langsam darin rührst.

Schokolinsen

10 Verteil die Glasur auf dem Kuchen. Verzier den Kuchen nach Lust und Laune mit den Schokolinsen. Lass den Guss dann trocknen.

Dieser Kuchen wird auf deiner nächsten Geburtstagsparty garantiert der absolute Knaller!

Spitzbuben

am Stiel

Arbeitszeit: ca. 30 Minuten * Kühlzeit: ca. 1 Stunde * Backzeit: ca. 20 Minuten * Zeit zum Abkühlen: ca. 30 Minuten

Für 8–10 Stück

Das brauchst du

Für die Kekse

½ Paket Butter (125 g)
Mehl
Zucker
1 Ei (Größe M)
Lieblingsmarmelade (z. B. Erdbeere)

Außerdem

Mehl für die Arbeitsfläche
Zuckerschrift in verschiedenen Farben zum Verzieren

Das stellst du bereit

Schneidebrett
Messer
große Rührschüssel
Schüssel oder Tasse mit dünnem Rand
Frischhaltefolie
Backblech
Backpapier
Nudelholz
Ausstecher oder Glas zum Ausstechen (à 8 cm Ø)
Kerngehäuseausstecher oder kleinen runden Ausstecher
10 gewässerte Lolli-Holzstiele
Gabel
Topflappen
Küchenwecker
Kuchengitter

Einkaufsliste

½ Paket Butter (125 g)
1 Ei (Größe M)
280 g Mchl
100 g Zucker
Zuckerschrift in deinen Lieblingsfarben
10 Lolli-Holzstiele
150 g deiner Lieblingsmarmelade

½ Paket Butter (125 g)

1 Schneid die Butter in Stücke und gib sie in eine Rührschüssel.

Mehl
Zucker

2 Gib das Mehl und den Zucker dazu.

1 Ei

3 Schlag das Ei am Rand einer Tasse oder Schüssel auf und gib es ebenfalls in die Rührschüssel.

Ist der Teig zu weich, gib noch etwas Mehl dazu; ist er zu fest, knete noch etwas Butter unter!

4 Verknete alles mit den Händen zu einem glatten Teig.

5 Form den Teig zu einer Kugel, wickel ihn in Frischhaltefolie und leg ihn für ca. 30 Minuten in den Kühlschrank.

6 Hol den Teig aus dem Kühlschrank. Heiz den Backofen auf 180 °C Ober- und Unterhitze vor. Beleg ein Backblech mit Backpapier.

Wenn du den Teig in den Kühlschrank stellst, lässt er sich besser ausstechen und die Kekse werden schön mürbe!

180 °C
Ober- und
Unterhitze

7

Streu etwas Mehl auf die Arbeitsfläche und roll den Teig darauf etwa 3 mm dick aus.

Mehl zum Ausrollen

8

Stich mit einem Ausstecher oder einem Glas (à 8 cm Ø) Kreise aus dem Teig aus. Stich bei der Hälfte der Kreise in der Mitte mit einem Kerngehäuseausstecher oder einem kleinen Ausstecher einen kleinen Kreis heraus. Verknete die Teigreste und stich weitere Kreise aus, bis der Teig aufgebraucht ist.

9

Leg die Kreise ohne Loch auf das Backblech (falls sie nicht alle darauf passen, nimm ein zweites Backblech). Gib mithilfe eines Teelöffels jeweils einen Klecks Marmelade in die Mitte.

Marmelade

Die Holzstiele können sich ruhig überschneiden!

10 Leg jeweils einen Lolli-Holzstiel auf die Marmeladenkreise, sodass das Lolli-Ende ungefähr 2 cm auf dem Teig liegt.

11 Setz nun die Kreise mit Loch exakt auf die Marmeladen-Kreise. Drück mit einer Gabel rundum die Ränder der Kekse fest, sodass ein Rillenmuster entsteht.

12 Back die Kekse ca. 20 Minuten auf der mittleren Schiene.

13 Hol das Blech aus dem Ofen, stell es auf ein Kuchengitter und lass die Kekse auf dem Blech vollständig auskühlen.

bunte Zuckerschrift

14 Verzier die Kekse nach Lust und Laune mit bunter Zuckerschrift. Lass dann alles trocknen.

Diese Kekse kannst du auch wunderbar an deine Freunde verschenken – die werden Augen machen!

Bild- und Textnachweis

Rezept- und Stepfotos:
TLC Fotostudio

Schmuckfotos:
S. 8 und 10: TLC Fotostudio
S. 3, 4, 9, 12, 13 oben und 142/143: © JenkoAtaman – Fotolia.com
S. 13 unten: © Alexey Kuznetsov – Fotolia.com

Illustrationen:
Back- und Küchenutensilien: © notkoo2008 – Fotolia.com

Zutaten: Fotolia.com: © Fearne (Kuvertüre, Möhren, Wasser), © Fixativ (Schokoküsse), © Happypictures (Popcorn-Mais), © Hein Nouwens (Bananen, Himbeeren), © kusuriuri (Eierpackung (6 Eier), gemahlene Mandeln, Muffins, Muffin-Papierförmchen), © macrovector (Butter, Kakaopulver, Mehl, Milch, Sieb mit Puderzucker, Teelöffel, Teig mit Nudelholz), © MicroOne (Schokolinsen, Zuckerperlen), © partyvector (Sauerkirschen im Glas), © petite_lili (Backpulver, Butter für die Form, Kokosfett, Marmelade, Marzipanrohmasse, Nuss-Nougat-Creme, Puddingpulver, Sahnesteif, Trockenhefe, Zitrone), © robu_s (Lebensmittelfarbe, Zuckerschrift), © Rogatnev (Orangensaft, Quark, Sahne), © Vasileva (Eier, Öl, Puderzucker, Zucker), © ylivdesign (Honig, Lollis)

Wecker Zubereitungszeiten: © naataali – Fotolia.com

Rezepte:
Nina Engels